Dies Geschöpf verändert sich ständig, wie eine übersensible Frau, die man erst dann richtig kennt, wenn man alle Aspekte ihrer Schönheit wahrgenommen hat. Sie ist gutgelaunt oder niedergeschlagen, sie ist blaß oder rot, grau oder rosa, kalt oder warm, frisch oder matt, je nach Wetter oder Stunde. Sie ist immer interessant und fast immer traurig; aber sie verfügt über tausend Spielarten der Anmut und ist immer für glückverheißende Überraschungen gut ... Man fängt an, dies alles sehr gern zu mögen; man verläßt sich darauf; es wird zu einem Teil des eigenen Lebens. Der Ort scheint sich in eine Person zu verwandeln, menschlich und empfindungsfähig zu werden und deine Zuneigung zu spüren. Du willst sie umarmen, zärtlich zu ihr sein, sie besitzen. Und schließlich wächst dieser Besitzdrang, und dein Besuch wird zu einer permanenten Liebesaffäre ...

HENRY JAMES

DOPPIAGGIO
800.90.10.10
CONCERTO
INTERPRETI VENEZIANI
ANTONIO VIVALDI
DEUTSCH-
INSTITUT
MESTRE

Und als ich dann von unserem Hotelzimmer aus durchs Fenster auf den stillen Kanal und die bröckelnden Fassaden alter Häuser hinausschaute und das Stimmengewirr der Fußgänger in den Gassen hörte, das von keinem Motorengeräusch übertönt wurde, da war ich schon verzaubert von Venedig. Denn es sind ja nicht Kirchen, Paläste und Kunstwerke, die diese Stadt so unvergleichlich machen, sondern die Abwesenheit der modernen Technik, die zeigt, wie schön eine Stadt ist, die für Menschen gebaut wurde – für Menschen, die zu Fuß gehen, schlendern, spazieren, sich begegnen und stehen bleiben, weil die Straßen ihnen gehören, ihr Lebensraum sind. Dazu kommt der Reiz des Wassers, das stille Gleiten der Schiffe auf den Kanälen, der sanfte Wellenschlag an altem Gemäuer und das zarte, helle Licht, das vom Meer her über der Stadt liegt.

ALICE VOLLENWEIDER

Venedig

FOTOGRAFIEN VON RAINER GROOTHUIS &
CHRISTOPH LOHFERT, MIT EINEM VORWORT
VON ELKE HEIDENREICH

EDEL:MOMENTI

ELKE HEIDENREICH

Alles Zersplitterte fügt sich

»Wie ein Stück Zucker im Tee, so schnell schmilzt Venedig dahin«, klagte John Ruskin, englischer Maler und Schriftsteller, der Venedig 1835 zum erstenmal besuchte und akribisch vermaß, zeichnete und dokumentierte. Jede Neuerung, jede Modernisierung erboste ihn. Wie fluchte er, als 1846 Gaslaternen aufgestellt wurden: »Man stelle sich den neuen Stil vor: Serenaden unter Gaslaternen!«

Drei Bände mit rund tausend Abbildungen schrieb und zeichnete der unermüdliche Ruskin über »Die Steine von Venedig«, und so ahnen wir heute zumindest, wie schön alles gewesen sein muß, ehe Industrialisierung, in deren Folge Hochwasser und Restaurierungen ihr Zerstörungswerk begannen.

Ja, Venedig schmilzt wie ein Stück Zucker im Tee. Vielleicht wird es deshalb so oft fotografiert, weil wir seine Schönheit festhalten wollen.

Als ließe sich Schönheit wirklich festhalten ... und doch rühren uns Photos von dieser Stadt mehr an als Bilder anderer Städte. Da ist so viel Himmel, so viel Wasser, da sind die Silhouetten der Brücken, da verschwimmen die Vorstellungen, die wir von einer Stadt haben, und ein Traum nimmt Formen an, ein Traum, in dem wir uns verlieren. Das Leben spielt sich auf Plätzen, Brücken, Gassen ab, aber was hinter den Fassaden der *palazzi* passiert, können wir nur ahnen. Wir gehören nicht dazu. Wir sind Besucher. Wir dürfen die Schönheit anschauen und müssen wieder abreisen und haben August von Platens Verse im Herzen:

Wer die Schönheit angeschaut mit Augen,
ist dem Tode schon anheimgegeben.

Venedig und Tod – wie oft fallen diese beiden Worte zusammen, nicht nur im Titel von Thomas Manns berühmter Erzählung. Wasser ist Ursprung allen Lebens, aber Wasser ist auch Fäulnis und Tod. Millionen Eichenpfähle modern seit Jahrhunderten unter den Häusern, und der Verfall ist sichtbar. Wie unser eigener – in Venedig begreifen wir mehr als irgendwo sonst, wie endlich, wie vergänglich wir sind. Wie stark die Leidenschaften sind und wie schwach die Vernunft. Es ist ja nicht wirklich vernünftig, eine Stadt ins Wasser zu bauen – mag es auch damals Gründe dafür gegeben haben. Aber mit Vernunft läßt sich nicht immer argumentieren. Aus den Sümpfen wuchs vor Jahrhunderten nach und nach das mächtige Venedig, mit Kunstsinn und Leidenschaft erbaut. So ist das mit den Leidenschaften. Man darf, wenn man etwas wirklich will, nicht zögern. Man muß es einfach tun. Das ist wie mit manchen Lieben. Irgendwann gibt es nichts mehr zu bedenken. Man muß es wagen.

Ich habe nie verstanden, warum Venedig für Liebesreisen, Hochzeitsreisen, für etwas Heiteres herhalten soll. Meine Liebesreisen in diese Stadt – verteilt über dreißig Jahre – waren immer Katastrophen. Bei der ersten war ich zu jung und dumm, bei der zweiten wurde nur gestritten und dann zu viel getrunken, bei der dritten war der falsche Partner dabei und ich einfach zu erschöpft. In Venedig, das merkte ich auf der vierten Reise, muß man allein sein. Als ich endlich allein dort war, war ich tief melancholisch und doch unendlich glücklich. Ich habe mich brüchig gefühlt, verletzlich, ich habe mich verlaufen und verloren und am Ende wieder neu zusammengesetzt. Es ging mir ähnlich, wie es Hermann Hesse in seinem Gedicht »Ankunft in Venedig« beschreibt:

Du lautlos dunkler Kanal,
Verlassene Bucht,
Uralter Häuser graue Flucht,
Gotische Fenster und maurisch verziertes Portal!
Von tiefem Traum besiegt,
Vom Tode eingewiegt
Schläft hier die Zeit
Und alles Leben scheint so weit, so weit!
Hier will ich ganz allein
Durch alte Gassen gehn,
Bei Fackelschein
An Gondeltreppen stehn,
In blinde Fenster sehn,
Bang-glücklich wie ein Kind im Dunkeln sein.

»Gelegentlich auf Wasser blicken«, hatte Gottfried Benn zur Erreichung der Seelenruhe vorgeschlagen. In Venedig blickt man reichlich auf Wasser, und irgendwann sorgt das Wasser wieder für das innere Gleichgewicht. Man muß allein durch die Gassen gehen, für Abenteuer bereit sein wie etwa, einer Musik zu lauschen, die aus einem offenen Fenster ertönt, man muß in sein Herz hören – in Venedig sagt es einem, was es will und was nicht, aber nur dann, wenn niemand neben einem geht.

Die Liebe zu Venedig ist keine Einbahnstraße. Venedig liebt zurück, aber heimlich, verborgen, und es dauert lange, bis man es spürt. Dann aber ist es ein Trost, der nie wieder vergeht. Diese Stadt ist ja auch allein, sie ist einzigartig unter den Städten der Welt, und jeder Mensch ist einzigartig, und auf einmal ist Venedig genau der Ort, an dem unsere einsame, ewig suchende Seele leben und gesunden kann. Oder aufgeben für immer.

In Venedig ist alles anders. Nicht nur ist es allein schöner als zu zweit, es ist auch im Winter schöner als im Sommer, in der blauen Stunde der hereinbrechenden Nacht noch schöner als mitten am Tag. Ruskins verhaßte Gaslaternen werfen dann ein mildes rosa Licht über die Uferstraße gegenüber der Giudecca, und so viel Schönheit macht uns weich und fordert uns dazu heraus, Ballast hinter uns zu lassen. Sonne zeigt immer auch grausam viel Schäbigkeit und Armut, aber Mondlicht und winterliches Halbdunkel verzaubern die Stadt zu etwas völlig Unwirklichem, einem Abbild unseres Inneren, all unserer Träume und Sehnsüchte. Venedig ist nicht bunt, es ist schwarzweiß. Es ist genau wie auf den Photos in diesem wunderbaren Buch.

Venedig ist die Stadt der Musik. Verdi, Bellini, Cherubini, Rossini, hier klingt ihre Musik, die erste Oper – Monteverdis »Die geraubte Proserpina« – wurde hier aufgeführt, vor mehr als 400 Jahren. Und heute bin ich Eurydike, und Orpheus lockt mich mit seinen Klängen aus dem Reich der Toten. Wenn er sich jetzt nicht umdreht und mich fragt: »Bist du es wirklich?«, dann bin ich gerettet. Aber leider fragen die Liebenden ja immer, weil sie der eigenen Liebe nicht trauen, und mit »Liebst du mich noch?« zerstören sie jeden Zauber. In Venedig darf man nur schauen und fühlen, nicht fragen. Venedig muß man zulassen. An Schönheit muß man glauben, denn wenn *sie* uns nicht erschüttert, erschüttert uns gar nichts mehr.

Aber zu Venedig gehören auch die Störungen, der Lärm auf dem Canal Grande, die rasenden Motorboote, grelle Händler, das Gedränge der Touristen auf der Piazza San Marco. Das alles ist längst nicht mehr schön und beschaulich. Vorbei auch die Zeiten, in denen stolze Väter auf die Frage, was denn der Sohn mache, sagten: »É in piazza«, er lungert auf dem Platz herum, er kann es sich leisten, zu flanieren, zu sehen und gesehen zu werden.

Diese Beschaulichkeit ist dahin. Und doch – auf abseits gelegenen Plätzen ist sie noch zu finden, Venedigs *grandezza*, und dann sitze ich auf einer Mauer neben ein paar Katzen (auch sie sind deutlich weniger geworden) und denke an Lord Byrons Verse:

Verstummt sind in Venedig Tassos Lieder;
Still rudert, ohne Sang, der Gondolier;
Paläste bröckeln auf das Ufer nieder,
Und selten tönt Musik durch das Revier,
Die Zeit ist hin, doch weilt noch Schönheit hier.

Doch weilt noch Schönheit hier ... Ja: wo, wenn nicht hier. »Kennen Sie irgendeinen anderen Ort der Welt, der in gewissen Stunden imstande ist, die menschliche Lebenskraft anzuregen und alle Wünsche bis zum Fieber zu steigern, wie Venedig? Kennen Sie eine gewaltigere Verführerin?« fragte Gabriele D'Annunzio. Und er hat recht – Venedig steigert Wünsche bis zum Fieber, Lebenswünsche, Liebeswünsche, aber eben auch Todeswünsche.

Wer die Schönheit angeschaut mit Augen, das wußte der unglückliche Platen, ist verloren. Auch dies sind Verse von ihm:

Was läßt im Leben sich zuletzt gewinnen?
Was sichern wir von seinen Schätzen allen?
Das goldne Glück, das süße Wohlgefallen,
Sie eilen – treu ist nur der Schmerz – von hinnen.

Eh mir in's Nichts die letzten Stunden rinnen,
Will ich noch einmal auf und nieder wallen,
Venedigs Meer, Venedigs Marmorhallen
Beschaun mit sehnsuchtsvoll erstaunten Sinnen.

Das Auge schweift mit emsigem Bestreben,
Als ob zurück in seinem Spiegel bliebe,
Was länger nicht vor ihm vermag zu schweben:

Zuletzt, entziehend sich dem letzten Triebe,
Fällt ach! zum letztenmal im kurzen Leben
Auf jenes Angesicht ein Blick der Liebe.

Venedig sieht man immer mit dem Blick der Liebe, auch seinen Verfall sieht man so, wie man im Spiegel das Altwerden des eigenen Gesichts sieht: wehmütig, aber mit Liebe. Hell und Dunkel, Leben und Tod, Liebe und Leid, Himmel und Erde, Wasser und Luft. Die Gegensätze liegen hier in jeder Sekunde sichtbar, spürbar nebeneinander, für ewig unauflösbar. Und dadurch versöhnlich. Das aufgewühlte Herz kommt ausgerechnet in Venedig zur Ruhe, weil es auf sanfte Weise resigniert. Auflehnung ist sinnlos. Man muß sich hinsetzen und so viel Schönheit in sich aufnehmen, wie nur möglich ist. Hier darf man sich Ängste und Wünsche einmal wirklich eingestehen, denn hier begegnet man ihnen an jeder Ecke – den Träumen der Menschen, verwirklicht in grandiosen Prachtbauten, ihren Ängsten auf der Seufzerbrücke. Alles Zersplitterte fügt sich an diesem unwirklichen Ort zur Einheit. Und wenn man das zuläßt, dann fährt man aus Venedig mit einem anderen Gesicht heim als mit dem, das man bei der Ankunft hatte. Und dann, und nur dann, kann man von Venedig Photos machen wie die in diesem Buch – erstaunlich anders, weit weg vom tausendfach Gesehenen. ¶

Venedig liegt inmitten der Wellen und Winde
und des stillen Stroms der Zeit.

HAROLD BRODKEY

T
TABACCHI

PARMIO
CASSA DI RISPARMIO
DI VENEZIA
SANPAOLO

VENEZIA
CASSA DI RISPARMIO
DI VENEZIA

Venedig war die Stadt meiner Träume, und alles, was ich sah, übertraf meine Erwartungen, sowohl der Morgen als der Abend, die Stille der schönen Tage als der düstere Widerschein der Unwetter. Ich liebte die Stadt um ihrer selbst willen; sie ist die einzige der Welt, die ich so lieben kann, denn jede andere hat bis jetzt den Eindruck eines Gefängnisses auf mich gemacht, das ich nur meiner Mitgefangenen wegen zu ertragen vermochte. In Venedig könnte man lange alleine leben und lernte verstehen, daß seine Kinder es in der Zeit seiner Pracht und Freiheit nicht wie eine Sache, sondern fast wie ein Wesen liebten.

GEORGE SAND

GROTTA
CASTELLO

LV 32811

P.LE ROMA
FERROVIA
Partito Democratico
circolo
Alfredo Vivian - partigiano
Dorsoduro San Polo e Santa Croce
Partito Democratico
1° NUOVO CIRCOLO
MAGGIO

RIO DE
LA FORNA

TRATTORIA

Aber Venedig gleicht keiner anderen. Immer, wenn ich sie nach langen Zwischenräumen wiedersah, wurde ich aufs neue überrascht. Je älter ich wurde, je mehr meine Kenntnisse zunahmen, je mehr Vergleiche ich anstellen konnte, desto mehr neue und sonderbare Seiten, desto mehr Schönheiten entdeckte ich an ihr.

CARLO GOLDONI

SABATO 2 LUGLIO
CAMPO SANTA MARGHERITA
DALLE 16 ALLE 23
IL 12/13 GIUGNO VOTA E FAI VOTARE 4 SI
GARDEN
RAGAZZI
GAMES MA
Tutti i giochi g
giorno 9 giug
le 15:00 e l

ELI
TI
AMO

FONDAM
S. FEL

TEL
GRINO &
MERCIO
RISTORANTE

Zaccaria
210

Der Venezianer mußte eine neue Art von Geschöpf werden, wie man denn auch Venedig nur mit sich selbst vergleichen kann.

JOHANN WOLFGANG GOETHE

Ich liege im Fenster und atme voll und tief, höre das leise Gleiten einer unsichtbaren Frachtbarke und das leise Plaudern von zwei unsichtbaren Ruderern, und sehe den schmalen, lichten Himmel über den harten Umrissen der flachen Dächer glänzen. Auf diese Stunde habe ich wochenlang gewartet, auf diese Stille zwischen Stein und Wasser, auf diese milde, satte Luft, auf dieses milde, schüchterne Heimatgefühl der Weltferne und des Ausruhens. Das ist Venedig!

HERMANN HESSE

Trattoria
Rampa
del Piave

TRATTORIA
DA MARIO
RISTORANTE
GIARDINO
GARDEN
JARDIN
Hotel
San

PARTITO SOCIALISTA ITALIANO
Sezione di Cannaregio
1544B

Circolo 7 Fratelli Cervi
70° DI FONDAZIONE
GRUPPO ALPINI
SAN DONA DI PIAVE (VE)

So gelangten wir weiter in die geisterhafte Stadt, immerfort durch enge Straßen und Gassen, alle mit strömendem Wasser angefüllt. Manchmal waren die Ecken, die wir zu umfahren hatten, so spitz und Gäßchen so eng, daß es dem langen schmalen Boot fast unmöglich schien, hier zu wenden; aber mit einem leisen melodischen Warnungsruf ließen es die Ruderer ohne Pause weitergleiten.

CHARLES DICKENS

GV. 30512
Luciano

Die Grenzexistenz Venedigs, dem festen Land fern, ist der Ort für jede »italienische Nacht«; vom Kitsch, wozu sie geworden ist, bis zum echten Todessymbol der bunten Lampe und ihres Spiegelbilds im schwarzen Wasser. Nicht zum wenigsten gehört hierher auch die erotische Atmosphäre der Stadt und das Erotikon selber, als das sie abgegriffen, unabgegriffen erscheint: Venedig die Blume, die Frau, die Königin, die Schaumentstiegene (und so leicht wieder Flüssige), die Szenerie der Liebespaare und romantischen Dichter. Wasser schlägt an die Theatertreppen, an die Treppen und Mauern der Häuser, alles Oben und Unten von Druck und Last scheint verkehrt, leicht schwimmt die Stadt auf ihren bedrohten alten Pfählen, mit Kopflast nach oben. Gerade ihr Zentrum, der Dogenpalast, obwohl auf einer festen Insel und nicht auf Pfählen stehend, akzentuiert diese Umkehrung, dies schäumende und entstiegene Wesen: unten die leichte, durchbrochene Loggia über Säulen, oben erst, als »Krönung«, die schwere Mauer. So umkehrend trägt hier überall das Wasser, trägt in allen Gassen das steinerne Fluchtschiff, Heimatschiff Venedig, macht ihm den Ursprung und heute den Spiegel seiner Entlegenheit.

ERNST BLOCH

2915
2914

Inaugurazione
Sabato 8 Ottobre dalle h.18
Giovannina Vianello
di anni 85

Collegium Ducale
CONCERTO
Collegium Ducale
CONCERTO
LORIS MARAZZI
Italia,
forza.
Italia,
forza.
Italia,
Italia,
LORIS MARAZZI
KUNG FU
KUNG FU

CAMPO
S. BARTOLOMEO
TRATTORIA
AQUILA
NEGRA
PIZZERIA
DANIELE
SILVESTRI
MARIO
VENUTI
ARENA SPETTACOLI
DANIELE
SILVESTRI
MARIO
VENUTI

Binnen weniger Minuten trieben wir elegant hinaus auf den Canal Grande, und da lag im milden Mondlicht das Venedig der Dichtung und Romantik vor uns. Direkt am Rand des Wassers erhoben sich lange Reihen stattlicher Marmorpaläste; Gondeln glitten schnell hierhin und dahin und verschwanden plötzlich durch unvermutete Tore und Gäßchen; schwere Steinbrücken warfen ihre Schatten quer über die glitzernden Wellen. Überall herrschte Leben und Treiben, und doch lag über allem eine Stille, eine Art verstohlener Stille, die an heimliche Geschäfte gedungener Mörder und Liebender denken ließ; halb in Mondstrahlen und halb in geheimnisvolle Schatten gehüllt, schienen die düsteren, alten herrschaftlichen Häuser der Republik einen Ausdruck an sich zu haben, als blickten sie in demselben Moment mit einem Auge solchen Ereignissen entgegen. Musik schwebte über das Wasser herüber – Venedig war vollkommen.

MARK TWAIN

BAR
CAFFÈ

Ich wiederhole: Wasser ist gleich Zeit und bietet der Schönheit ihr Double. Teils aus Wasser bestehend, dienen wir der Schönheit auf dieselbe Weise. Indem sie das Wasser striegelt, hebt die Stadt das Aussehen der Zeit, verschönert sie die Zukunft. Das ist die Rolle dieser Stadt im Universum. Weil die Stadt statisch ist, während wir uns bewegen. Die Träne ist der Beweis dafür. Weil wir uns in Richtung Zukunft bewegen, während die Schönheit die ewige Gegenwart ist. Die Träne ist ein Versuch, zu verweilen, zurückzubleiben, mit der Stadt zu verschmelzen. Doch das ist gegen die Regeln. Die Träne ist ein Atavismus, ein Tribut der Zukunft an die Vergangenheit. Oder sie ist das Resultat einer Subtraktion des Größeren vom Geringeren: der Schönheit vom Menschen. Dasselbe gilt für die Liebe, denn auch die Liebe ist größer als man selbst.

JOSEPH BRODSKY

CHRISTOPH LOHFERT

Stadt des Lichts

In die Gedanken der Menschen graviert sie sich ein, wann immer und warum auch immer sie gekommen sind über all die Jahre – als Händler, Baumeister, Fischer, und heute eben auch in Scharen von Touristen. Zwölf Millionen Besucher durchkämmen Venedig jährlich, hochgerüstet mit modernen Kameras. Es gibt wohl kaum eine Stadt in Europa, in der so viel versucht wird einzufangen wie hier, jeder Winkel sehenswert und optisch würdig, eine wahre Inflation der Bilder. Was wird aus dem digitalen Müll, den elektronischen Erinnerungen? Der Hang zum Konservieren der Eindrücke, zum Aufbewahren der Bilder ist doch eigentlich überflüssig. Es füllen unzählige Bücher, Bildbände und Reiseberichte die Regale. Wieso hier nun noch ein Buch über Venedig?

Städte am Wasser sind allemal faszinierend, Venedig erst recht, die Lagunenstadt im Meer, über die Jahrhunderte berühmt und reich geworden, und doch dem Untergang geweiht. Vielleicht ist gerade das ihr Zauber? Oder ist es dies: die absolute, unverrückbare Begrenzung der Küstenlinie, überhaupt kein Wachstum möglich. Verfall und das Versinken bleiben dem flüchtigen Besucher schlicht verborgen. Aber die Erhabenheit der Architektur ist ins Gedächtnis geschrieben. Wie eine alte Frau, die Spuren ihres Lebens in tiefen Falten in das Gesicht gegraben, so präsentiert sich die Stadt im Herbst und Winter. Kaum noch etwas zu spüren vom vergangenen Trubel des Sommers, kein Troß von Touristen lärmt durch die Gassen. Die Stadt gehört sich selbst. Der Gast will sich von ihr verzaubern lassen, Linien, Konturen, Schattenspiele und Spiegelungen in sich aufnehmen, den Geruch, die Atmosphäre, die Geräusche, das Wasser und den Himmel. Die Stadt schreibt sich in die Seelen ihrer Besucher, damit sie wiederkehren, und immer wieder.

Menschen lernen neu sehen in dieser Stadt, in der das Licht so anders ist. Die hohen Wolken, das weite spiegelnde Wasser, der warme Ton von Terrakotta gehen Farbsymbiosen ein. Und Menschen spüren dies fast körperlich. Die Hand dieser Stadt schreibt mit einer Tinte aus Licht. Sie sendet Botschaften mit gegensätzlichen Begriffen: Leben und Tod, Schatten und Licht, Trubel und Einsamkeit, Alter und Vergänglichkeit, Fröhlichkeit und Trauer.

Drei Doppelseiten hat die Stadt in mir beschrieben:

Masken & Gesichter: Il carnevale ist mystisch, leise und geheimnisvoll, die Gesichter hinter den Masken in Augen nur erkennbar. Ein Karneval der leisen Töne – eingetaucht in milchigweißes Licht des späten Februar.

Wasser & Gemäuer: Im Zusammenspiel der Elemente hat wer den längeren Atem? Vordergründig erinnert das Ertrinken der Häuser an Verfall, und im Schlepptau stets die Melancholie der Reife und des Abschieds.

Himmel & Konturen: Die Wolken in Venedig erscheinen höher als anderswo. Lichtkegel ziehen ihre Bahnen durch die Schatten der Gemäuer – bis die Nacht sie frißt.

Unter dem Licht Venedigs lernt man das Schauen neu: Sehen als zutiefst sinnliche Erfahrung. Wie weiß ist dieser Nebel und wie dunkel abgetönt jenes Dunkel dort in graues Nichts? Je tiefer der Blick eintaucht in das Spiel von Schatten und Licht, desto mehr erfaßt den Fotografen visuelle Trance, eine unwirkliche Mischung aus hellwacher Beobachtung und Abtauchen in das eigene Ich. Das gemachte Bild sagt viel über das Wesen hinter der Kamera.

Diese Stadt sollte man allein erleben, weil Begleitung stören könnte, ablenken von der Intimität der Stimmung. Man muß hineinhören in diese Stadt, die Geschichten zu erzählen hat. Historie des langen Atems. Jeder scheint zurückgeworfen auf den Ursprung. In Venedig muß man mit sich allein sein, weil die anderen Menschen im eigenen Leben ohnehin nur Gäste sind – und in der Begegnung mit der Endlichkeit sind die Gäste eben schon gegangen. In Venedig ist das Ende stets vor Augen – Morbidität eingeimpft in das noch eigene Erleben. Die Stätte des Lichts verliert ihre Konturen nachts. Übrig bleiben die Lichtspitzen der Laternen, durchbrochen von neonkalten Linien der Leuchtstoffröhren, Fenstersilhouetten in lichtem Gelb, eingeparkt in schwarzen Samt. Die Abwesenheit von Licht reduziert den Blick auf Wesentliches. Nachts verschmelzen Kanäle und Gebäude, Wasser, Horizont und Himmel zu schwarzen Wänden. Grelle Disco-Orgien passen nicht in diese Stadt. Und im Herbst und Winter vertreibt der Abendnebel die Menschen von den Straßen. Ruhe kehrt ein, und wo sind sie plötzlich, die Touristen? Als Gäste eben schon gegangen.

Zurück bleibt aber nachts wenigstens der Geruch von Licht, Erinnerung an schöne Tage, und meditierend fällt mir ein, was es bedeuten muß, der Verlust des Augen-Lichts. Es wäre das Schlimmste, was mir je geschehen könnte.

Dann blieben aber noch die Ohren. Venedig ist ja eine laute Stadt, der Lärm der Boote auf dem Wasser, Baustellen in den Gemäuern, Geschrei der Händler, das tiefe Brummen der Vaporetti, die Rufe der Gondolieri. Irgendwie habe ich die Geräusche nie als Lärm empfunden. Das Wasser dämpft die Noten des Lebendigseins. Dann verläßt das Schwarz die Nacht. Eine Ahnung von Grau zieht über gurgelndes Wasser, und das Weiß schält neu die Konturen aus dem Dunkel. Farben gibt es noch nicht. Aber die Stimmung kündet von dem neuen Tag, Geräusche inklusive.

Das Licht des Morgens hat nicht den schmieriggrauen Ton der großen Hafenstädte, nicht das quirlige Smog-Light großer Metropolen. Das Nebelweiß Venedigs ist geheimnisvoll verschleiernd, Konturen mildernd, milchig sanft. Die weiche Tönung verliert das Licht den ganzen Tag über nicht. Diesem feuchten Weiß bin ich nirgendwo sonst begegnet. Das milchigweiße Licht Venedigs malt die Konturen ständig neu und rückt die Motive in optische Ferne. In Venedig ist irgendwo immer Horizont und Weite. Selbst die alten Gemäuer wirken transparent.

Die Weite öffnet das Herz – und gleichzeitig gefriert die Zeit. Das Licht schreibt Stillstand und Endlichkeit ins Tagebuch der Menschen. Und wenn das Licht genug geschrieben hat und erneut versinkt im Grau der Dämmerung, so sind die Gravuren in die Herzen der Menschen dauerhaft eingeritzt. Und die Nacht, die wieder kommt, konserviert die Schrift. Und so ändert das Licht dieser Stadt die Menschen und macht, daß sie anders abfahren, als sie gekommen sind.

Und warum kehren die Menschen dann stets noch mal zurück? Und dann noch einmal? Sie wollen sehen, wie das Licht weiter schreibt, die Geschichten zu Ende erzählt, die das Leben schreibt, jedesmal dem eignen Ende ein kleines Stückchen näher. Das Licht in Venedig hat zu tun mit dem Echo, wenn äußere Dinge und alle anderen einen verlassen haben. Und daher hat der Blick auf die zerbröckelnden Gemäuer lichttherapeutische Wirkung. Nahezu für jeden Menschen. ¶

RAINER GROOTHUIS

Nur der Himmel ist derselbe

Vom Flughafen über den Damm – nur langsam formt sich die Silhouette in der Annäherung, erheben sich der Campanile und die Kirchen unwirklich über dem Horizont der Lagune. Die Verwirrung der Augen beginnt spätestens an der Piazzale Roma, kaum daß wir dem Bus oder Taxi entstiegen sind und Witterung aufnehmen mit einem ersten, streifenden Blick auf den Canal Grande, den Giardino Papadopoli ... die Augen ertrinken in dieser Stadt, suchen vergeblich nach dem Halt des gewohnt Abstrusen unserer Innenstädte und ihrer Architekturen. Und diesen Halt wird es nicht geben: Je nach Tageszeit und Licht und Schatten, den Reflexionen des Wassers treten selbst die vermeintlich bereits gesehenen Dinge Venedigs zu neuen Ensembles an Ausdruck und Stimmung zusammen, lassen die Augen nicht zu Ruhe kommen.

Venedig gebietet Respekt: Diese Stadt ist eine seltsam leise Stadt – es scheint, als legte sie den Menschen sanft die Hand vor die Münder. Nichts Schrilles gibt es hier. Die vielhunderttausendfachen Stimmen der Touristen sind ein wattiges Gemurmel, das in den Gassen liegt, die Hintergrundmusik für das in den Kanälen gurgelnde Wasser, das sich die Wellen putzt. Selbst das penetrante »Gondola, Gondola!« der werbenden Gondolieri wird ebenso verhalten vorgetragen wie die Kommandos der Fähnleinträger der Touristengruppen. So bleibt den Ohren Raum für die feineren Klänge: Vivaldis »Vier Jahreszeiten«, das Singen und Murmeln einer Frühmesse dringen hinaus aus Museum und Kirche.

Die Piazza San Marco duftet anders als der Campo Santa Margherita, die Santa Maria Gloriosa dei Frari anders als die Santa Maria della Salute – Venedigs Gassen und Gemäuer, die Straßen und Plätze entwickeln eigene Gerüche. Und wenn ein Wind vom Lido her den Geruch nach Meer, Muscheln, Tang, Strand in die Stadt weht, dann liegt Sehnsucht in der Luft. Da wird das Herz noch weiter und baumelt gern ein wenig am Rand der Zattere, träumt sich fort mit den vorbeifahrenden Kreuzfahrtschiffen, den großen Fähren.

Apropos: Die Wärme der Platten des Platzes vor San Giorgio Maggiore, die Säulen der Santa Maria Formosa, das alte Holz eines Verkaufsstandes der Pescheria – wo immer wir die Hände hinlegen und ihnen Ruhe geben: Man wundert sich, was Fingerspitzen erzählen, wenn man ihnen zuhört.

Venedig schmeckt nach kleiner Nachbarschaft, nach dem Überleben menschlicher Alltagsrituale, dem lächelnden »Ciao, Anna!«-»Ciao, Bruno!« auf der Brücke und dem anschließenden Schwätzchen. Nicht nur die älteren Venezianer pflegen den »Spritzz« am Mittag, den Café zwischendurch und den frühabendlichen Corso. In solchen Momenten denkt man an Zeilen von Pasolini: »Nicht verlieren mögen sich diese klaren Momente/dunkler, hingegebener Liebe/in der Welt, wenn auch verlorengeht/in seiner Reinheit/das Licht der alltäglichen Gesten.«

Natürlich ist Venedig ein wenig – ambitioniert. Stolz ist selbst das Baufällige noch, ein wenig hoch trägt manches die Nase und träumt von Marco Polo. Auch der Regen inszeniert sich vor venezianischer Kulisse mal pompös niederrauschend, mal vom Himmel trippelnd. So aber macht Venedig zugleich behaust und unbehaust, es macht Sich-fremd-fühlen und Wohl-sein.

Venedig ist ein Angebot, das Hirn zu leeren, das Herz zu leichtern. Langsam können sich die Knoten öffnen, mit denen wir angekommen sind – Venedig bietet eine ureigene Sinneskulisse für Empfindungen jenseits des Kleinlichen des eigenen Alltags. Venedig verrückt unsere Gedankenmöbel, unwiderstehlich.

Bei der Abreise glauben wir weniger als vorher, daß es sie wirklich gibt, diese Stadt auf Inseln und Eichenpfählen, umgeben vom Meer, bar jeden Autoverkehrs, ohne Motorräder, Radfahrer, Skater, und staunen darüber, daß sich über dieser Stadt derselbe Himmel wölben soll wie über dem Heimatort.

Venedig ist kein Urlaub, Venedig ist Entdeckung. Wer sich ein Herz zum Staunen bewahren möchte, zum Zurücklehnen und Die-Augen-Schließen, wer auch mal mit Tucholsky »Schweigen ist Heimat« denken will, der fahre gelegentlich in diese Stadt. Venedig ist bei jeder Reise neu, immer noch nicht da gewesen. ¶

TEXTNACHWEIS

BLOCH, ERNST Venedigs italienische Nacht in: *Verfremdungen II.*
© Suhrkamp Verlag, Frankfurt am Main, 1964.

BRODKEY, HAROLD *Venedig*
Rowohlt Verlag, Reinbek bei Hamburg, 1997.

BRODSKY, JOSEPH *Ufer der Verlorenen.* Aus dem Amerikanischen von Jörg Tobitius.
Fotografien von Peter-Andreas Hassiepen.
© Carl Hanser Verlag, München/Wien, 2001.

DICKENS, CHARLES Ein italienischer Traum in: *Bilder aus Italien.*
Winkler Verlag, München, 1976.

GOETHE, JOHANN WOLFGANG Von Venedig ist schon viel erzählt und gedruckt in: *Italienische Reise.*
Insel Verlag, Frankfurt am Main, 1976.

GOLDONI, CARLO *Geschichte meines Lebens und meines Theaters.*
Piper Verlag, München, 1988.

HESSE, HERMANN Venezianisches Notizbüchlein in: *Italien. Schilderungen, Tagebücher.*
© Suhrkamp Verlag, Frankfurt am Main, 1983.

JAMES, HENRY Eine permanente Liebesaffäre in: Klaus Thiele-Dohrmann, *Venedig und die Dichter.*
Artemis & Winkler Verlag, Düsseldorf/Zürich, 2004.

SAND, GEORGE Brief an Hippolyte Chatiron in: *Nimm Deinen Mut in beide Hände. Briefe.*
Deutscher Taschenbuch Verlag, München, 1990.

TWAIN, MARK *Die Arglosen im Ausland.*
Aufbau Verlag, Berlin, 1961.

VOLLENWEIDER, ALICE *Italiens Provinzen und ihre Küche. Eine Reise und 88 Rezepte.*
Verlag Klaus Wagenbach, Berlin, 1990.

Edel: momenti werden herausgegeben von
MICHAEL HAENTJES, CHRISTOPH LOHFERT und RAINER GROOTHUIS
mit freundlicher Förderung durch die DR. CHRISTOPH LOHFERT AG.

1. Auflage 2011

KONZEPTION & GESTALTUNG Groothuis, Lohfert, Consorten, Hamburg | www.glcons.de
REPRODUKTION Einsatz Creative Production, Hamburg
DRUCK & BINDUNG optimal media production GmbH, Röbel/Müritz
EDEL : PLATINUM. SUPERVISED BY STEIDL

Printed in Germany

ISBN 978-3-8419-0073-9